סוד

סוד 2023 ©
עורך: אבי הופמן
גרסה: נטע אברמוב
עיצוב גרפי: אסתר כץ

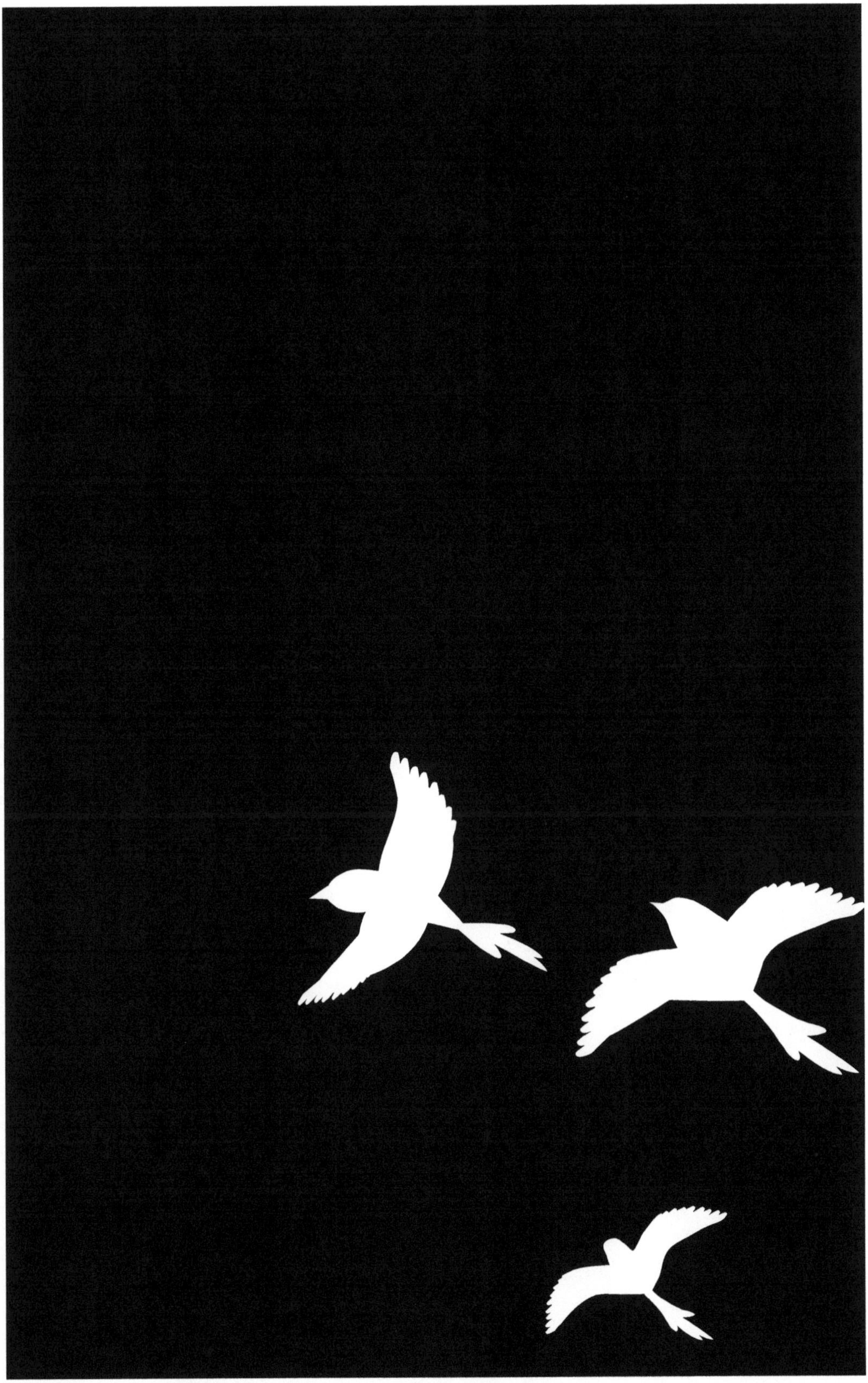

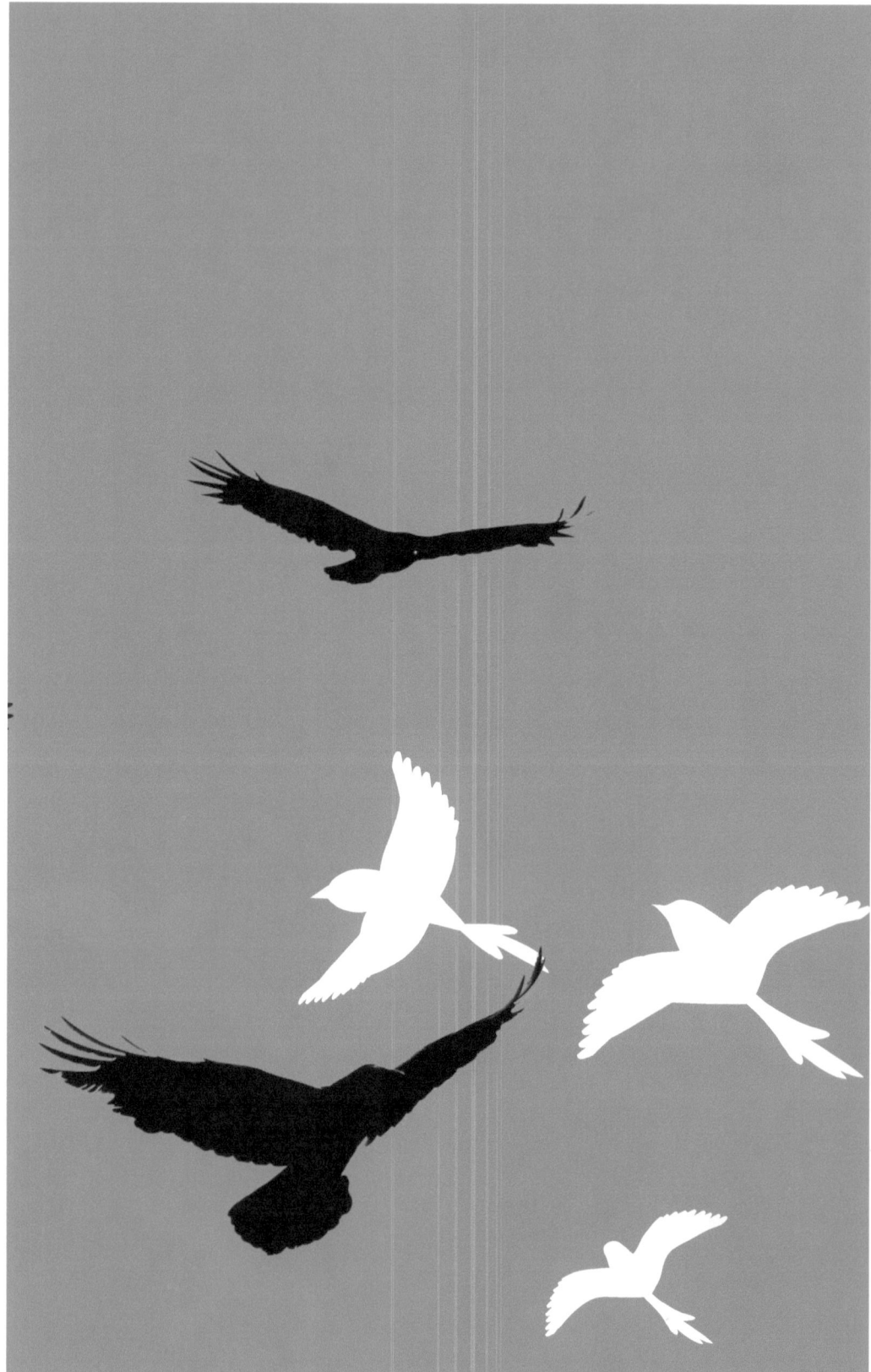

YAREACH
ZAMIR
ירח זמיר

HELENA BARBAGELATA

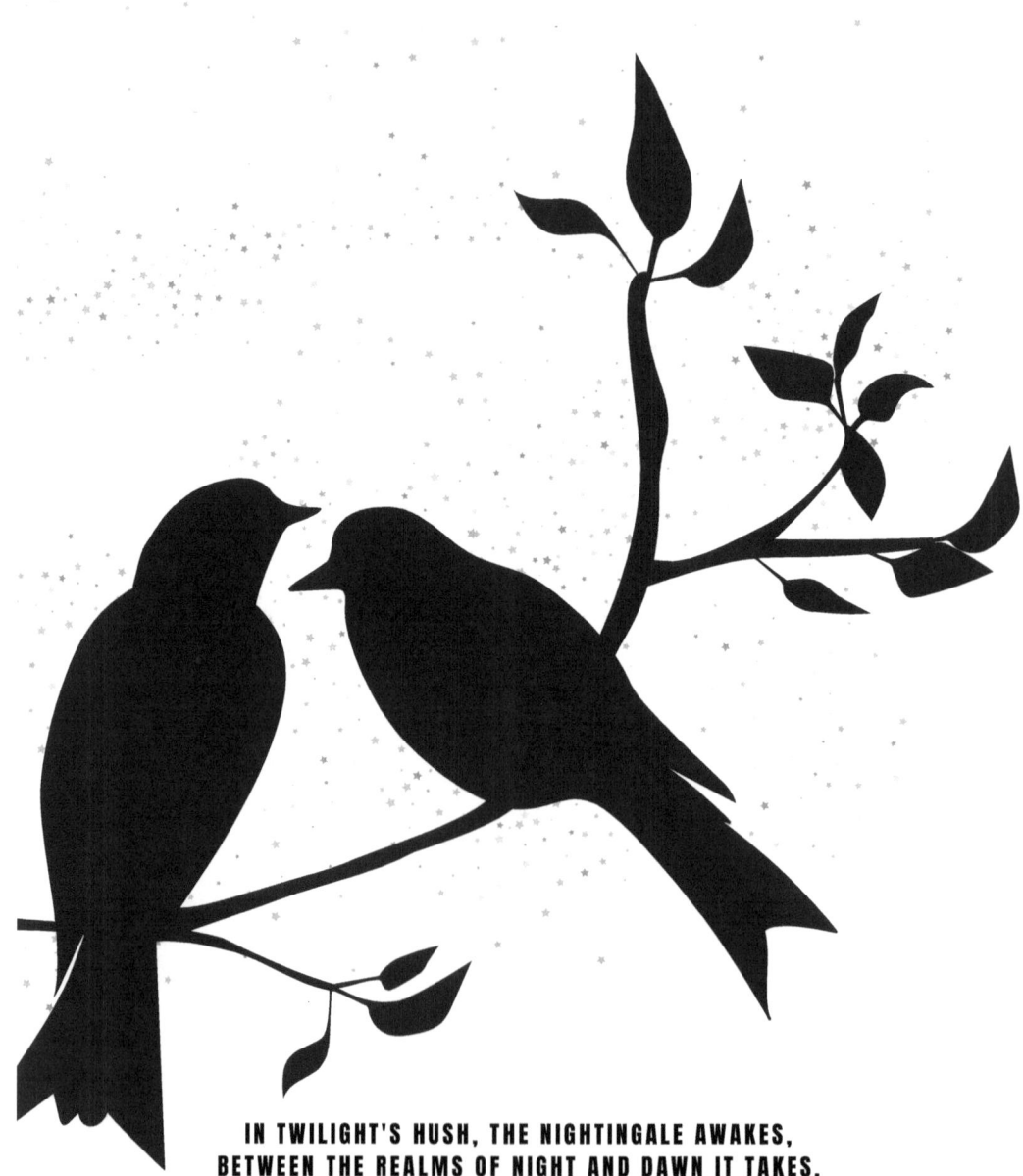

IN TWILIGHT'S HUSH, THE NIGHTINGALE AWAKES,
BETWEEN THE REALMS OF NIGHT AND DAWN IT TAKES,
ITS SONG, A MELODY OF DREAMS AND STARS,
AS DARKNESS FADES, AND DAYLIGHT BREAKS THE BARS.

בשתיים של הנשימה,
השרוגה מתעוררת,
בין תחומי הלילה
והשחר היא נופשת,
שירה, לחן של חלומות
וכוכבים,
כשחושך מתעלף ואור
היום שובר את המסכים.

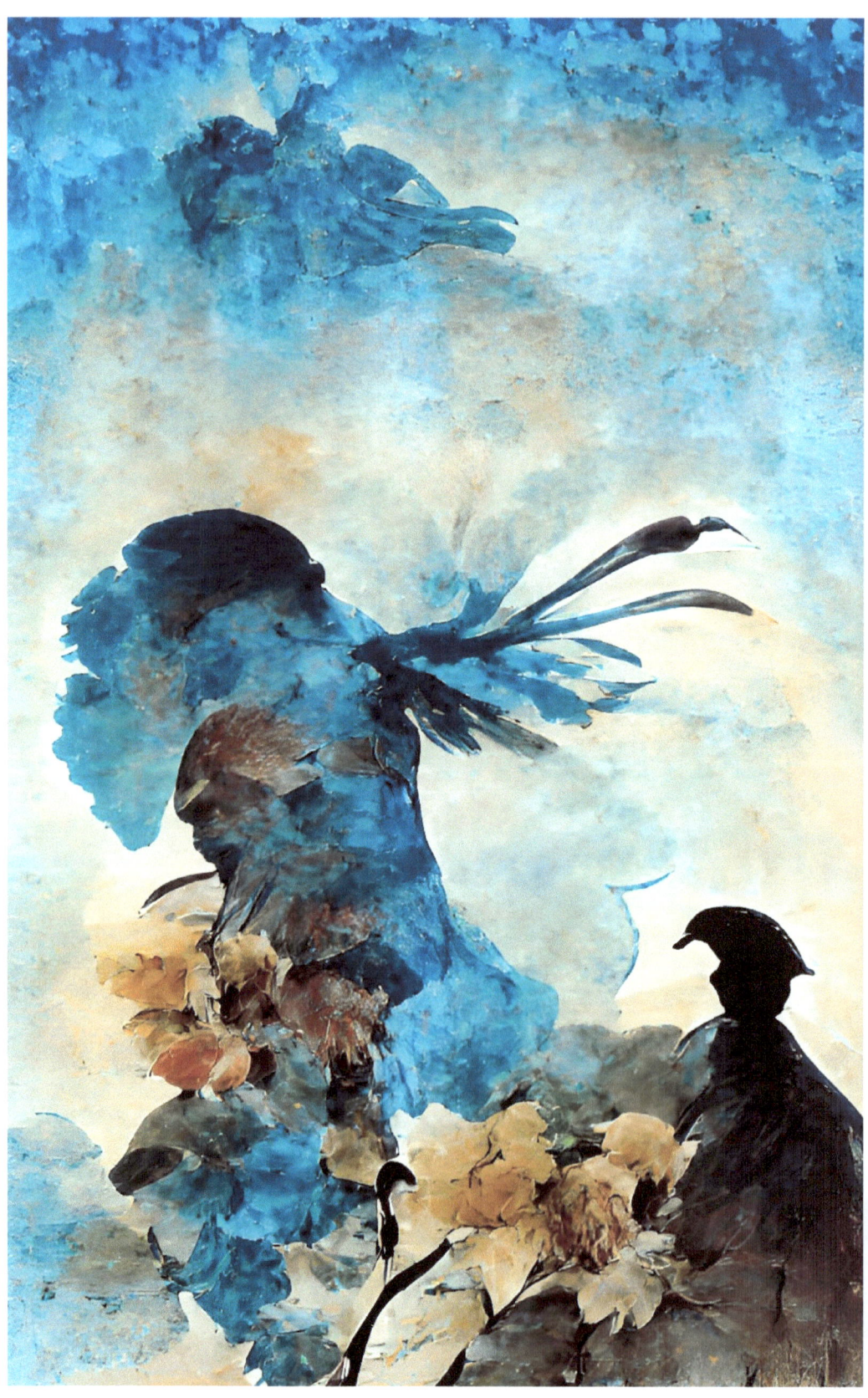

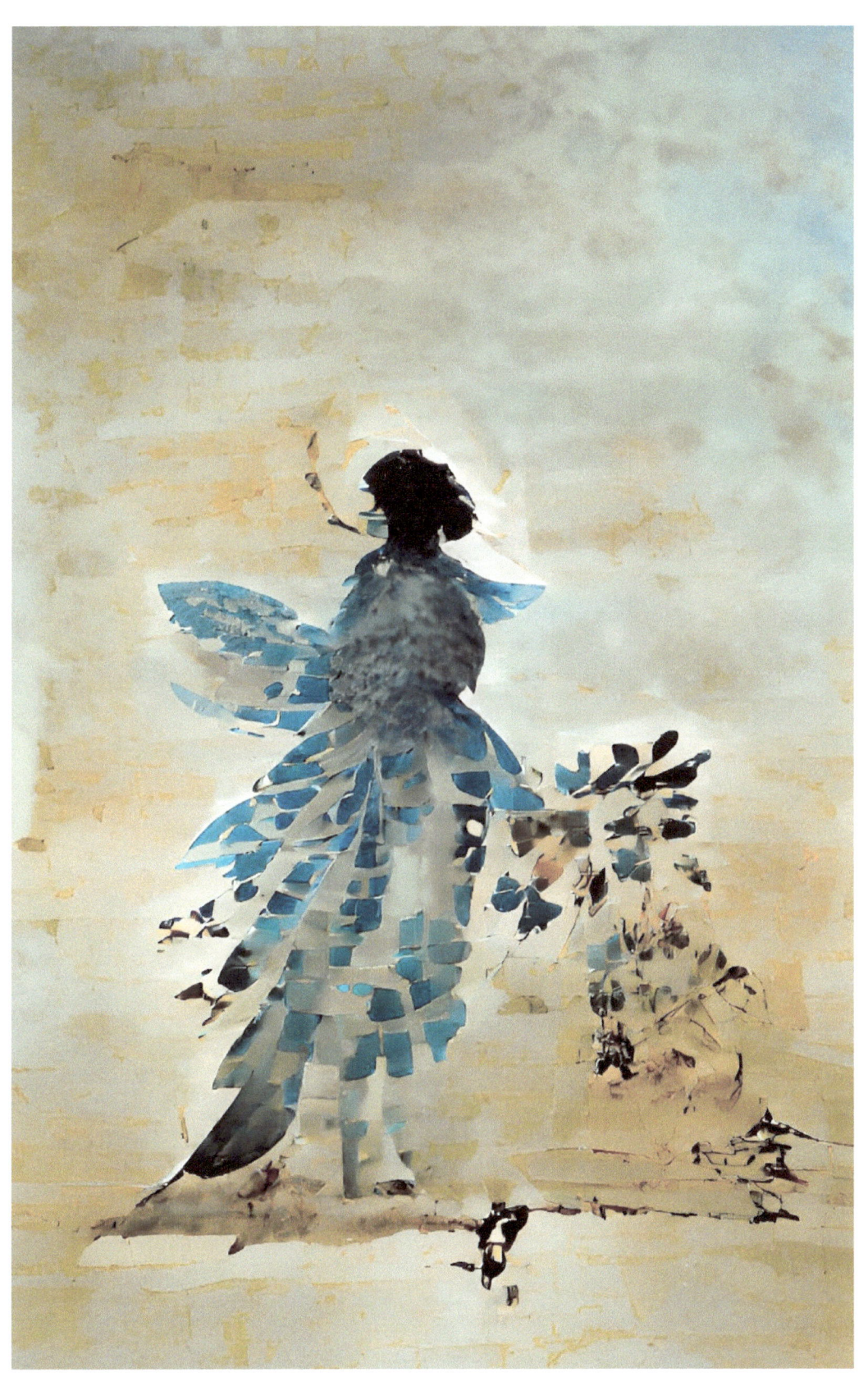

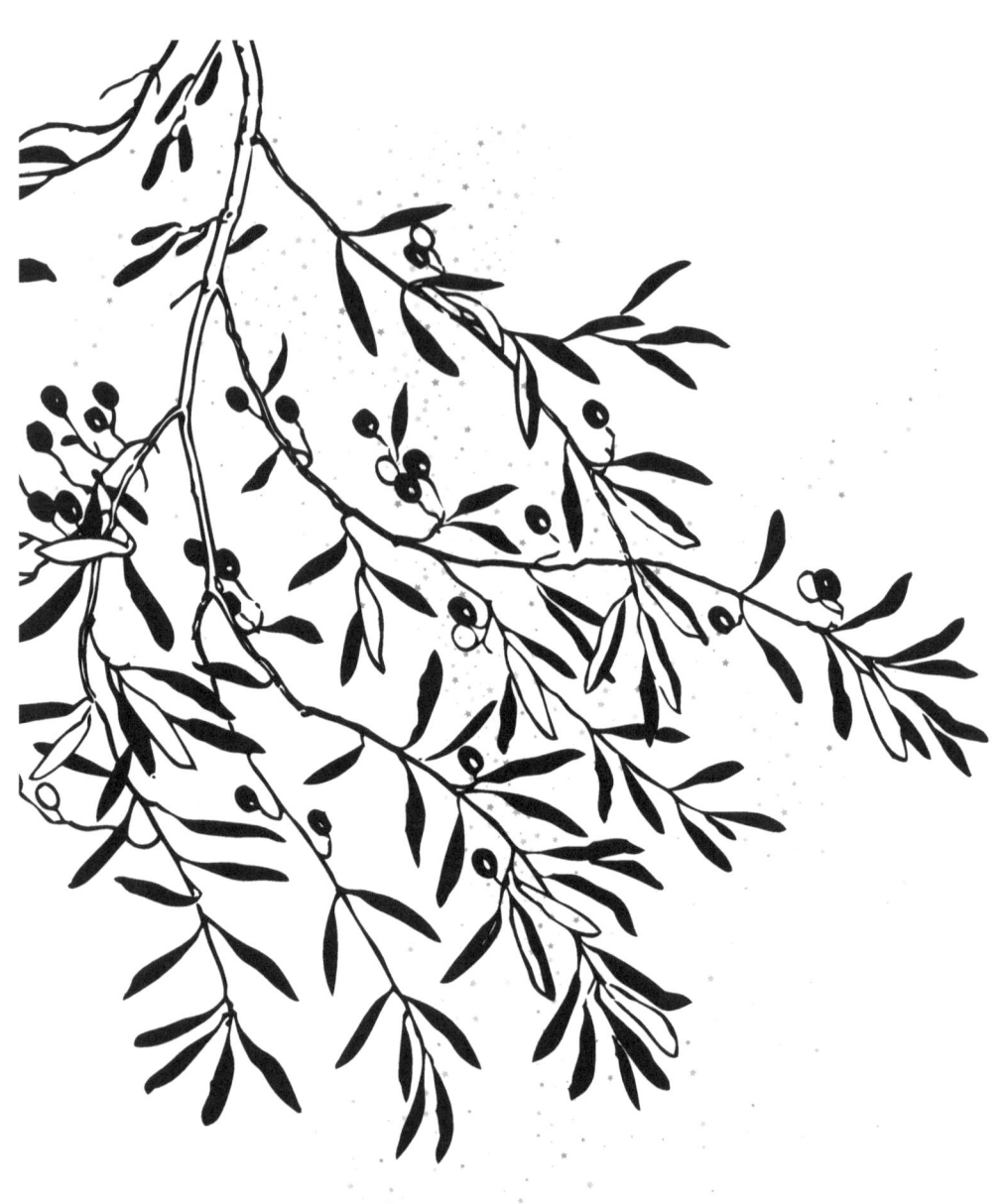

AND SILENCE BLANKETS ALL IN TRANQUIL BLISS PERCHED ABOVE THE LAND, SO STILL AND DEEP WHERE FRUITS IN SLUMBER AND SHEPHERDS SLEEP AS SLUMBER'S VEIL BEGINS TO PART, SO STILL AND SERENE, IN THE BALANCE OF NIGHT, AND THE BIRTH OF DAYTIME.

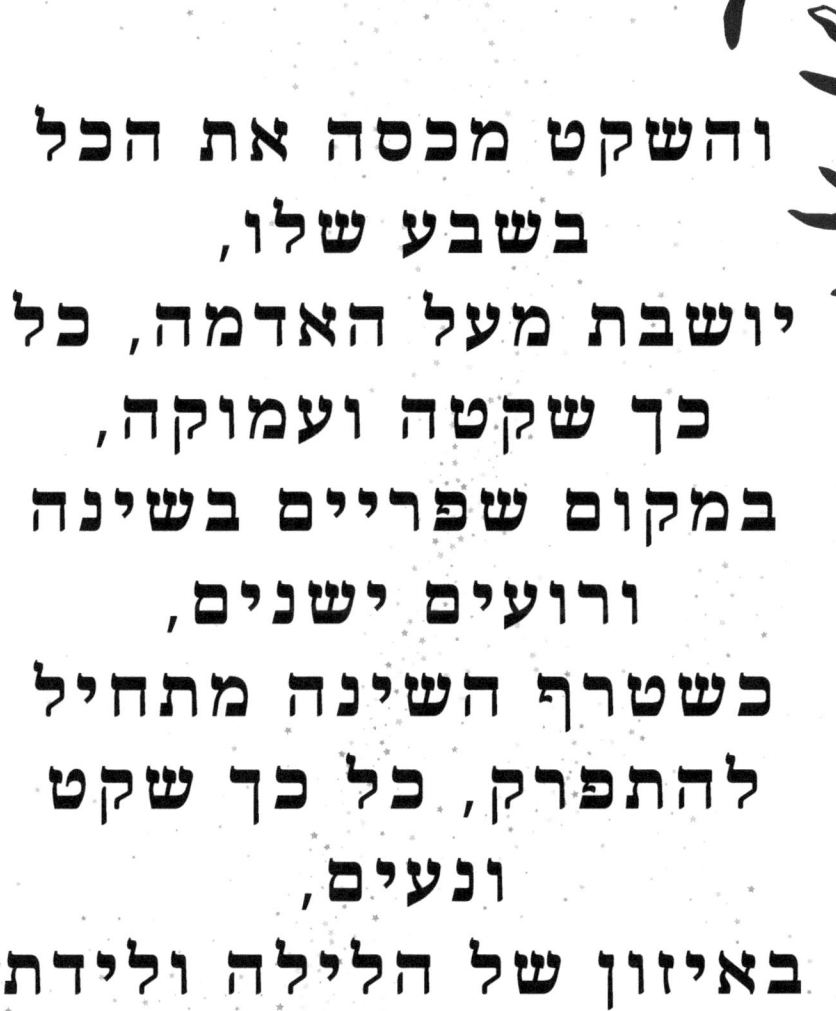

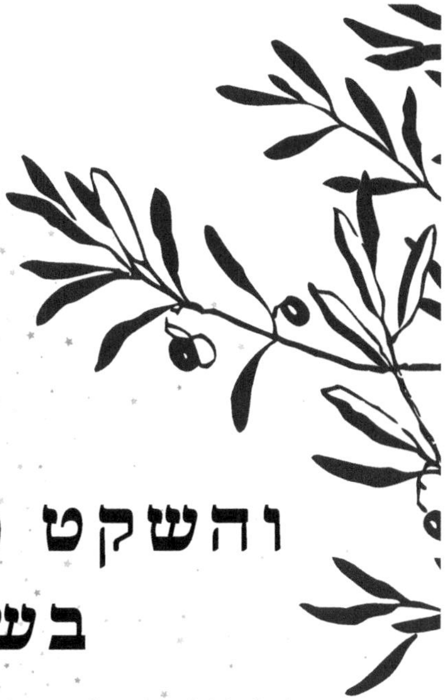

והשקט מכסה את הכל
בשבע שלו,
יושבת מעל האדמה, כל
כך שקטה ועמוקה,
במקום שפריים בשינה
ורועים ישנים,
כשטרף השינה מתחיל
להתפרק, כל כך שקט
ונעים,
באיזון של הלילה ולידת
היום.

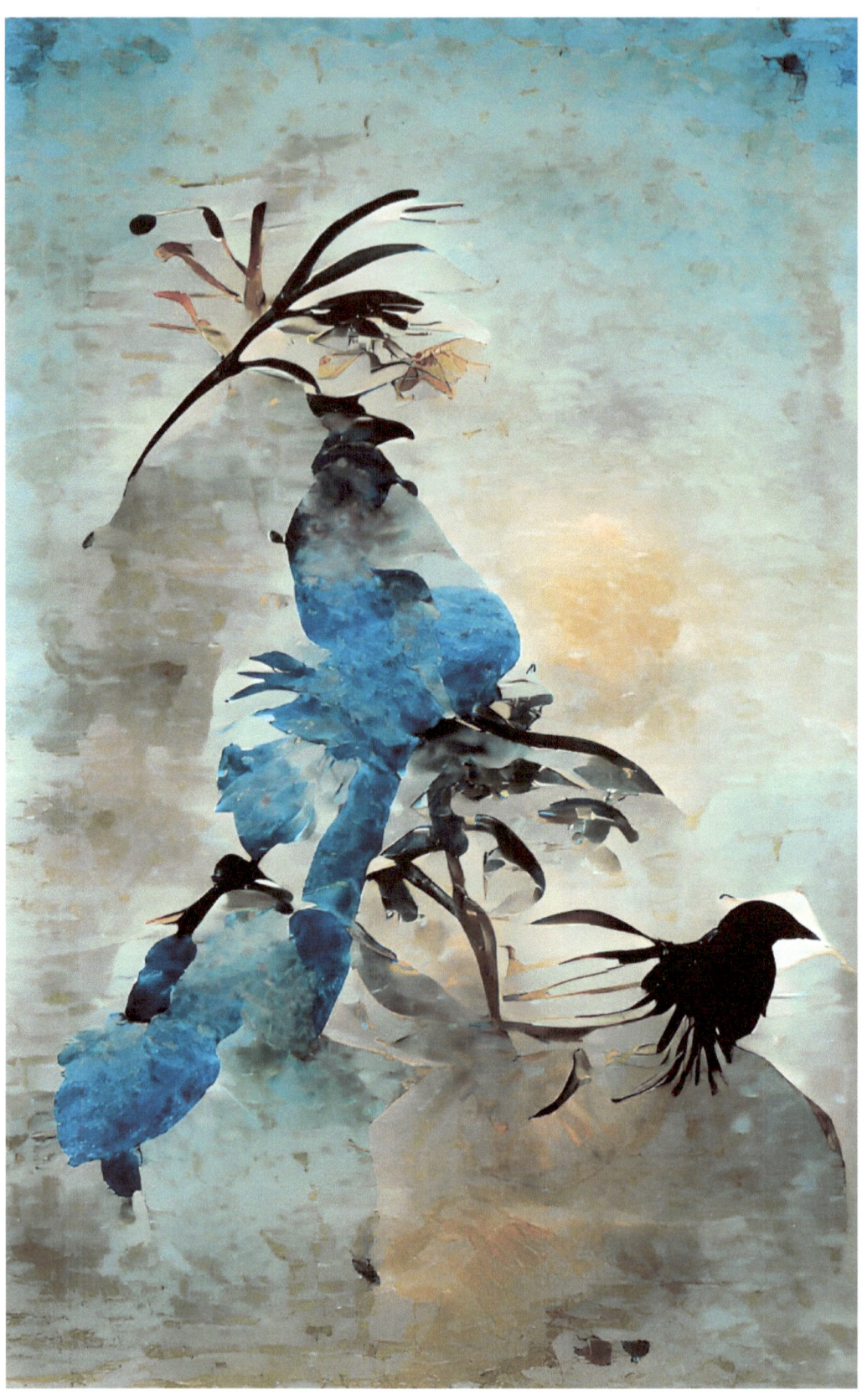

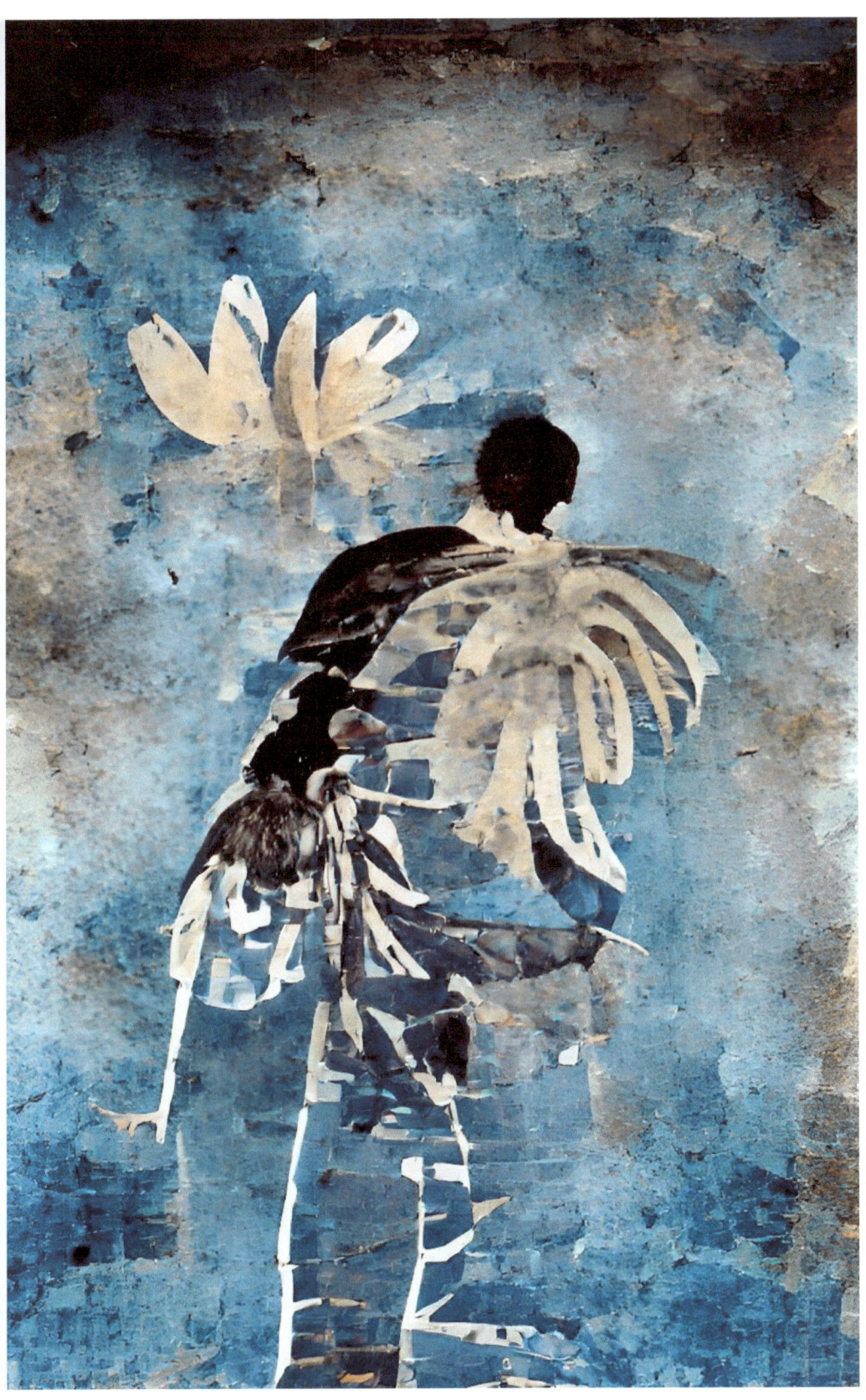

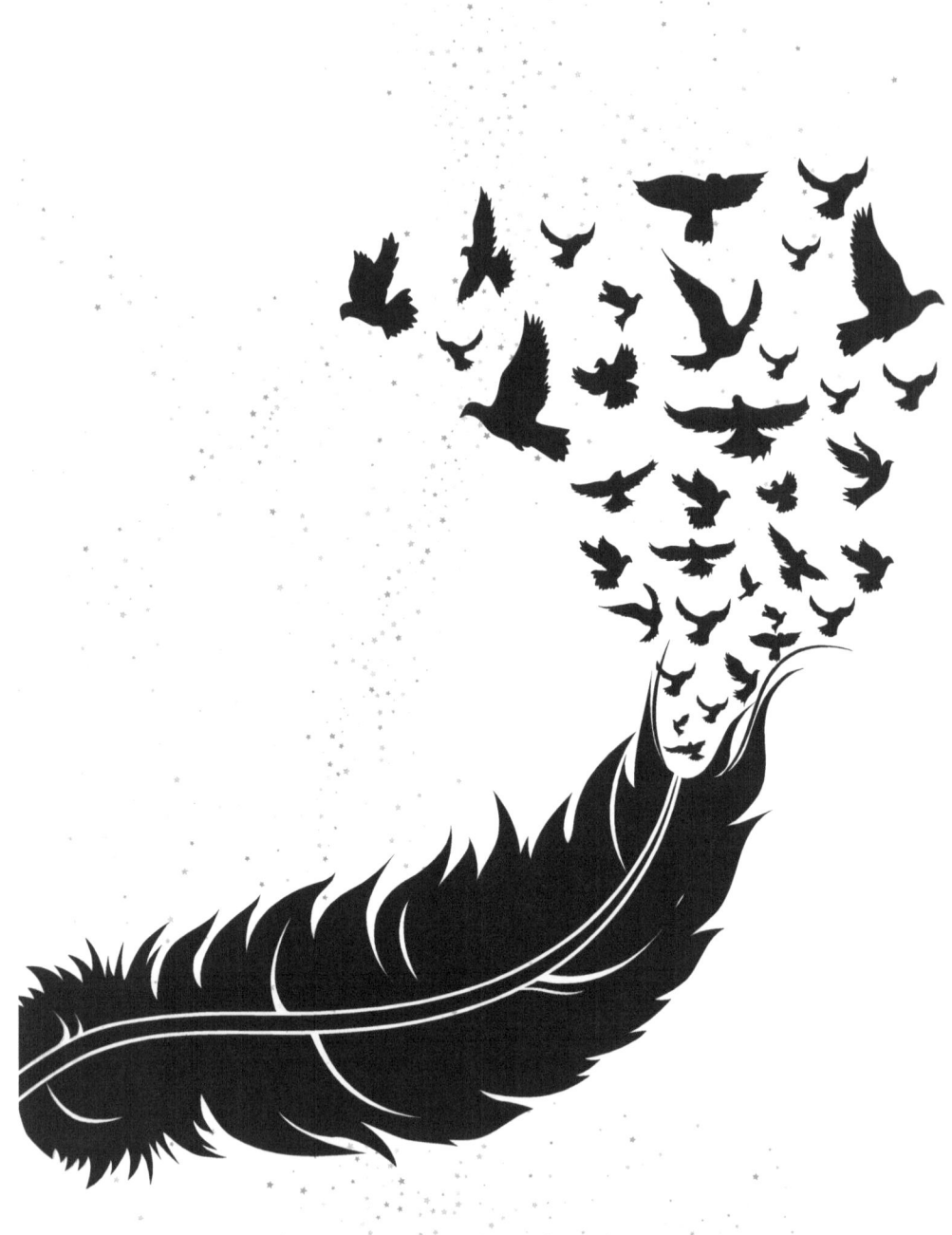

DEWDROPS CLING TO FEATHERS, COOL AND BRIGHT, GLISTENING
GEMS, CATCHING SOFT MOONLIGHT. AS HE STIRS THE WORLD FROM
ITS QUIET KEEP, EACH DROPLET TREMBLES, AS IF IN SLEEP.

טיפות טל מתלבטות על הנוצות, קרות ומבריקות, אבני חן נשמרות, תופסות את אור הירח הרך. כשהוא מעיר את העולם משנתו השקטה, כל טיפה מרעידה, כאילו בשינה עמוקה.

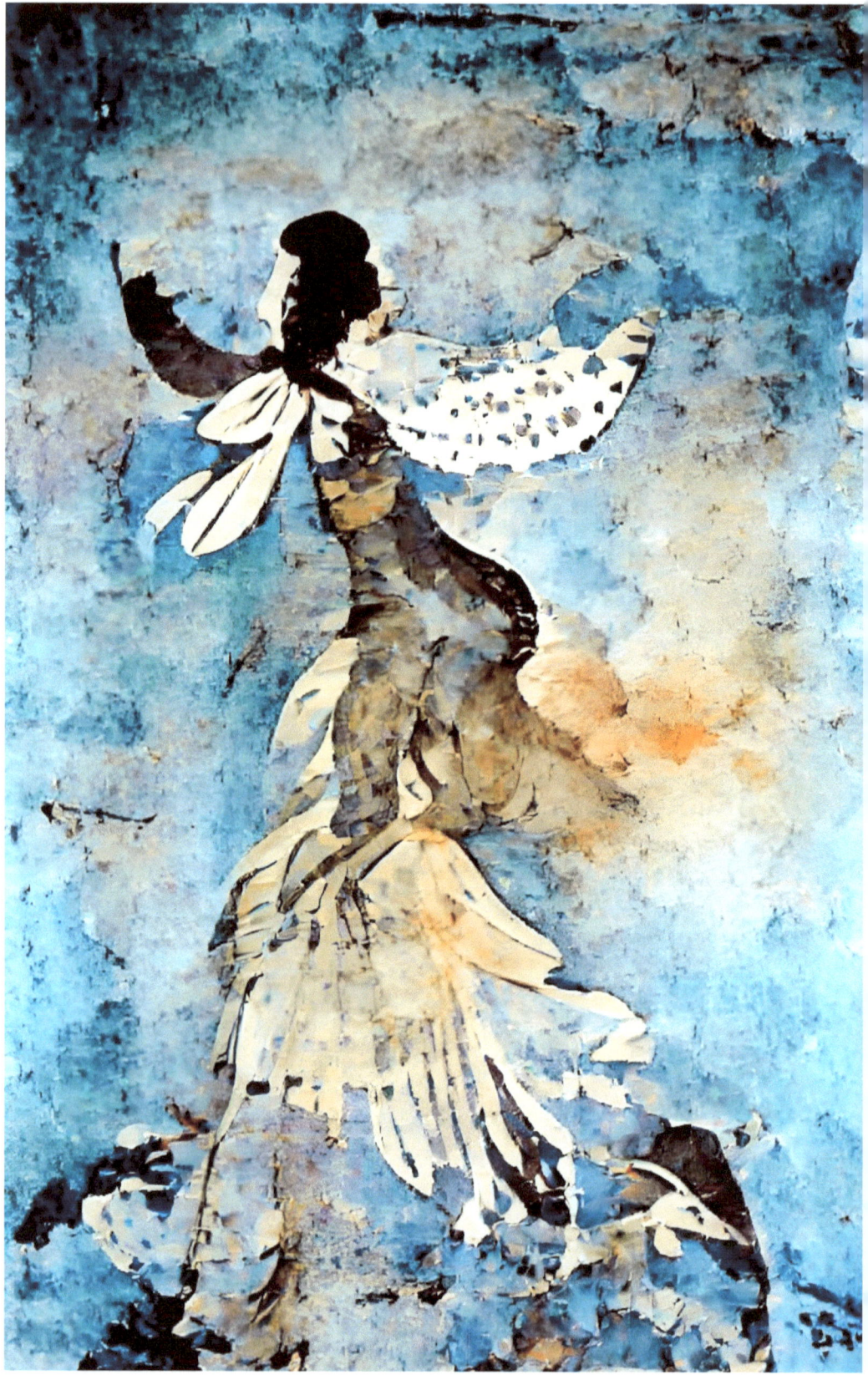

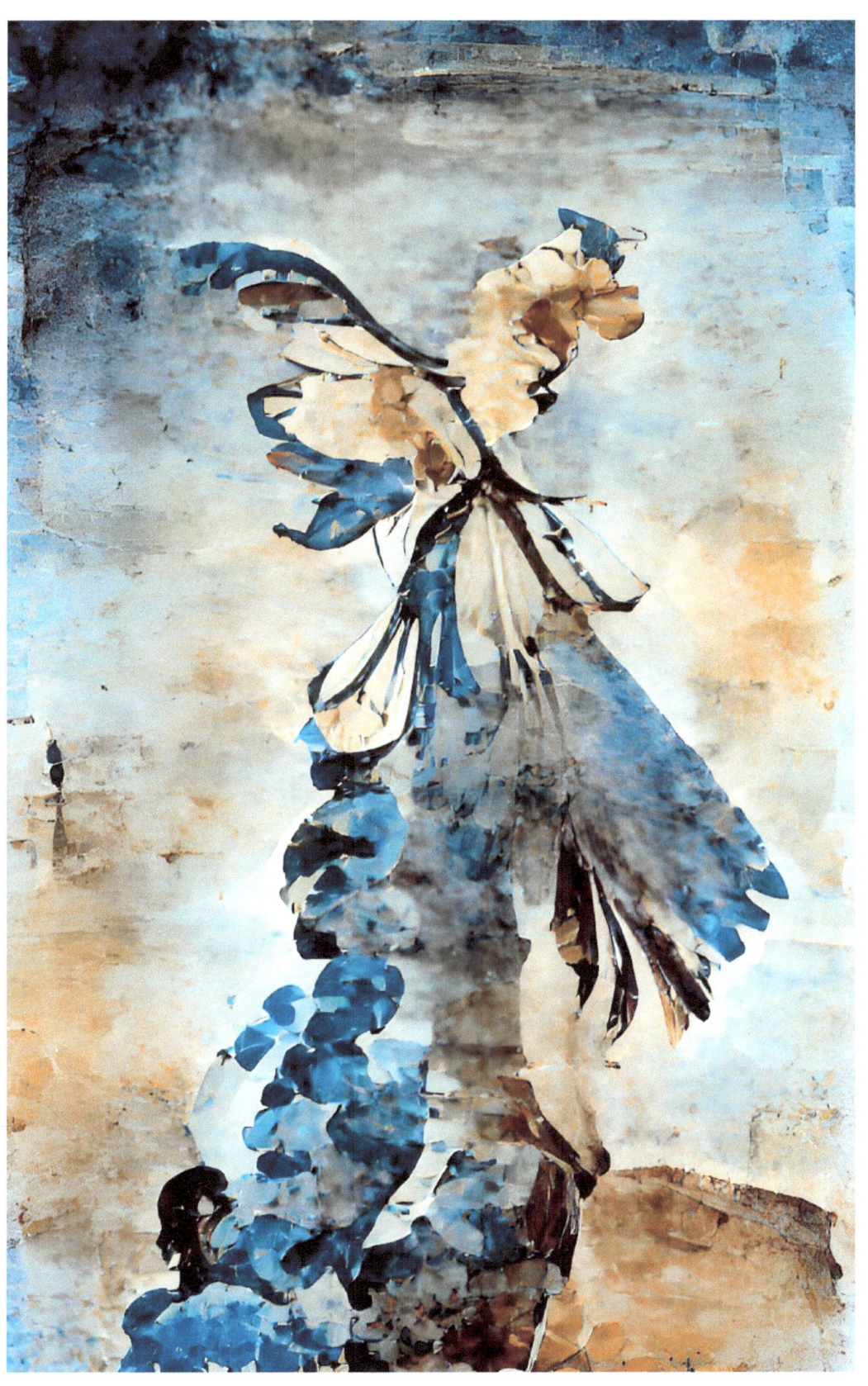

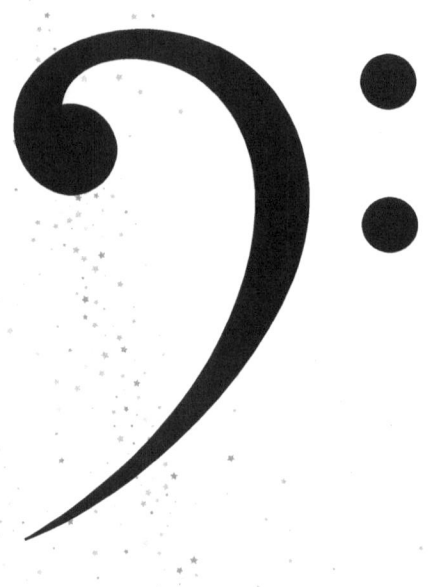

THE FIRST OF SOUNDS TO KISS THE WAITING EAR,
BEFORE LIGHT EMERGES, ITS GLOW STILL UNCLEAR.
BEFORE THE CRYING OF CHILDREN IN THEIR BEDS,
BEFORE RIVERS RUMBLE WITH DREAMS IN THEIR THREADS,
BEFORE LEAVES WHISPER SECRETS IN THE BREEZE

הרעש הראשון שמנשק
לאוזן המחכה, לפני
שהאור עולה, בהילהו
עדיין לא ברור. לפני
כי הילדים במיטותיהם
בוכים, לפני כי נחלים
גועשים בחלומותיהם
בתוך חוטיהם, לפני כי
עלים משדרים סודות
ברוח.

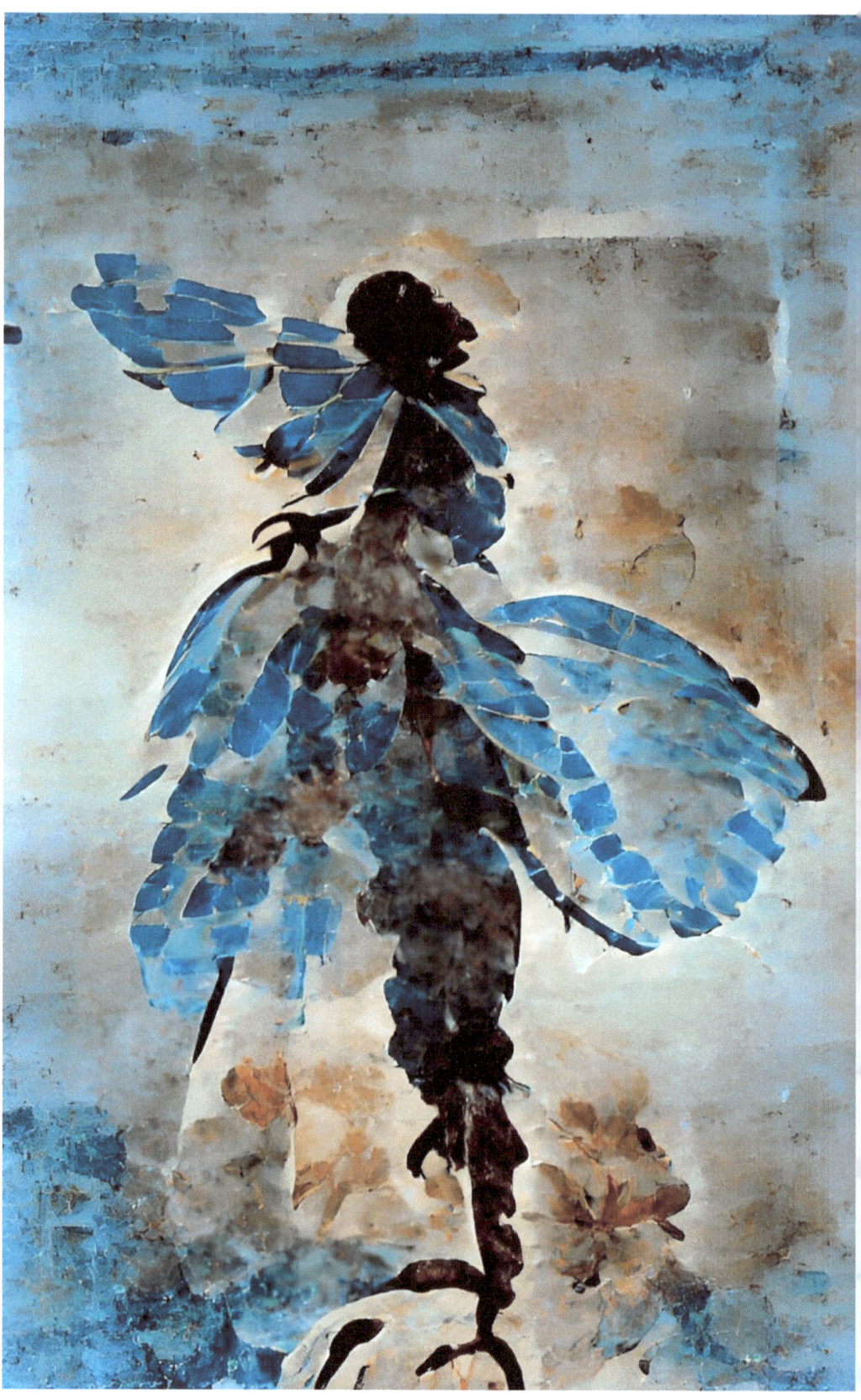

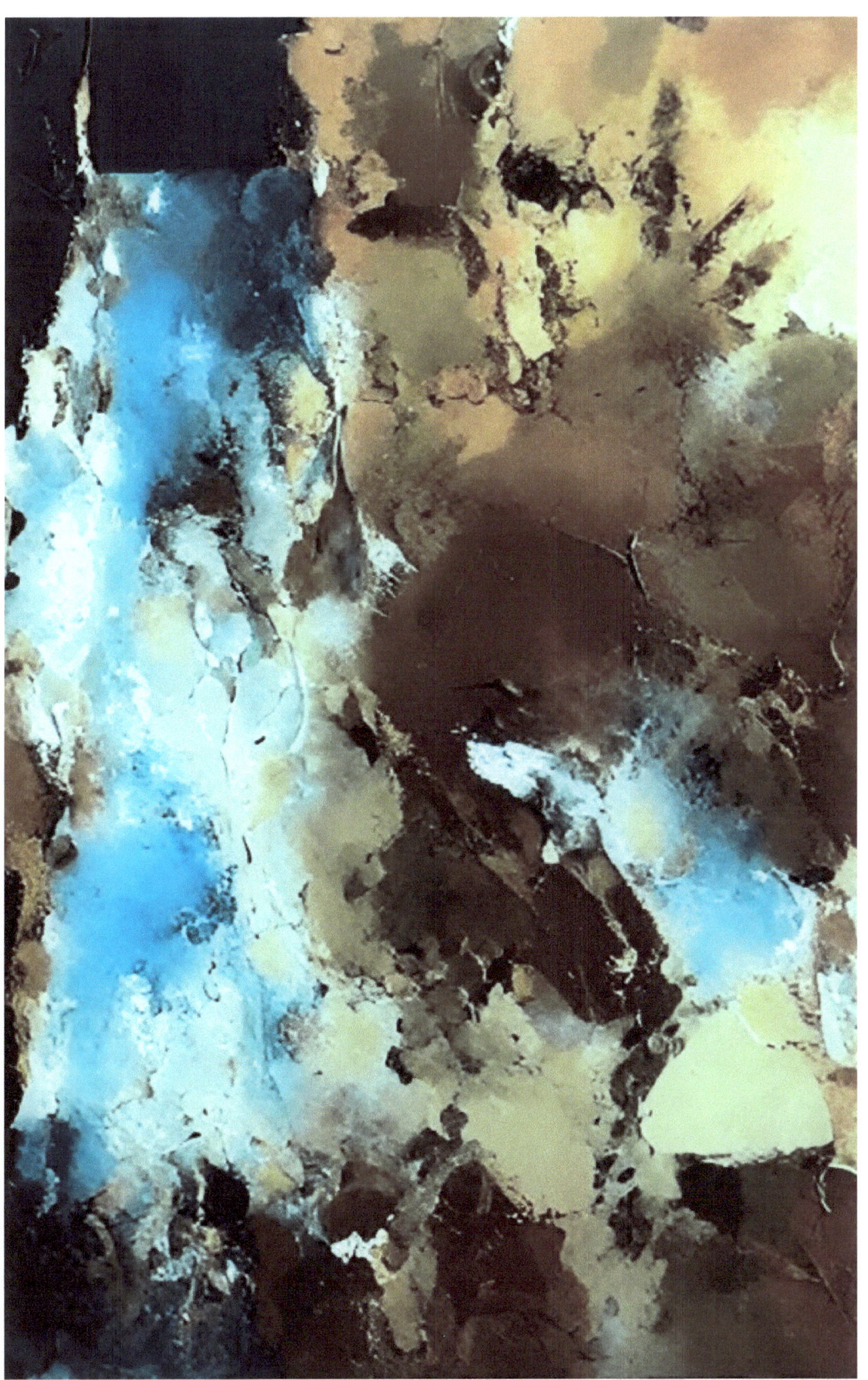

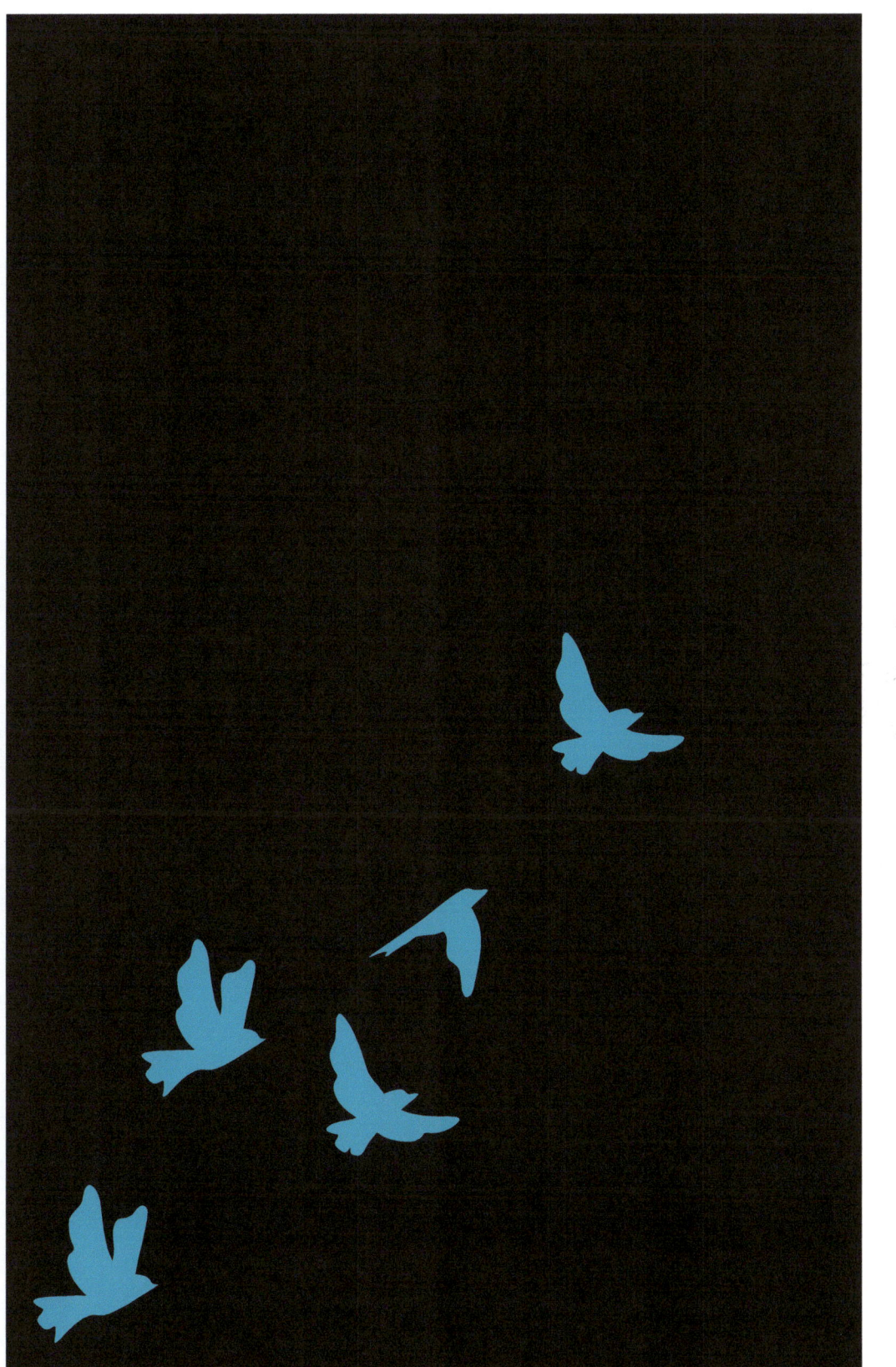

WRITTEN AND ILLUSTRATED BY

HELENA BARBAGELATA

דוגמנית, אמנית רב תחומית, סופרת וחוקרת. דוקטורט בפילוסופיה - אוניברסיטת סלמנקה / אוניברסיטת אתונה.

היא קיבלה פרסים אמנותיים רבים מקרן אונאסיס, אוניברסיטת ברצלונה, האקדמיה לאמנויות יפות של סנט פטרבורג ואחרות. יש לה מספר פרסומים ותערוכות באירופה, ישראל, ארצות הברית, אוסטרליה ואמריקה הלטינית.

היא עורכת ואוצרת במספר פרסומים אמנותיים וספרותיים.

בין יצירותיה ופרסומיה ניתן למנות את "אהבה", "עור לא מאולף", "גן זואולוגי", "גוגו מגוגו", "Maccaia", "Fasti Diurni", "Carte Marine".

HELENA BARBAGELATA (1991) IS A FASHION MODEL, MULTIDISCIPLINARY ARTIST, RESEARCHER, AND ACTIVIST. SHE HAS RECEIVED SEVERAL ARTISTIC AWARDS FROM THE ONASSIS FOUNDATION, THE MINISTRY OF CULTURE AND SPORTS OF THE GREEK GOVERNMENT, SAINT PETERSBURG REPIN ACADEMY OF FINE ARTS, UNIVERSITAT DE BARCELONA, AMONG OTHERS. SHE'S A MEMBER OF THE AMERICA ISRAEL CULTURAL FOUNDATION, SOCIETY OF JEWISH ARTISTS (SOJA) AND THE ORGANIZATION FOR THE DEMOCRATIZATION OF THE VISUAL ARTS (OBDK). HER WORKS COMBINE PAINTING, DRAWING, PHOTOGRAPHY, SCULPTURE, FILM AND PRINTMAKING. SHE HELD NUMEROUS SOLO AND GROUP EXHIBITIONS IN EUROPE, SOUTH AMERICA, AUSTRALIA, AND THE UNITED STATES.

www.ingramcontent.com/pod-product-compliance
Lightning Source LLC
Chambersburg PA
CBHW050803290526
45792CB00008B/2311
9798862582437